Die Informationen und Ratschläge in diesem
Buch sind sorgfältig erarbeitet worden.
Dennoch erfolgen alle Angaben ohne Gewähr.
Eine Haftung der Autoren oder des Verlags für Personen-,
Sach- oder Vermögensschäden ist ausgeschlossen.

ISBN 978-3-649-62899-6

© 2018 Coppenrath Verlag GmbH & Co. KG,
Hafenweg 30, 48155 Münster, Germany
Grafische Gestaltung: Gesa Sander
Redaktion: Christina Bloem
Coverfoto: Shutterstock.com
Grafiken innen: S. 14, S. 21, S. 23, S.33,
S. 47, S. 98, S. 115 – Shutterstock.com
Printed in Slovakia
Alle Rechte vorbehalten

www.coppenrath.de

HILFE,
das Wasser
BRENNT AN!

**LIFEHACKS UND TIPPS
RUND UM DEN HAUSHALT**

COPPENRATH

V | VORWORT

Na also, geht doch!

Bett, Schreibtisch und Regal sind aufgestellt, die wenigen Küchenutensilien verstaut und endlich ist sie fertig eingerichtet, die erste eigene Bude.
Doch die Herausforderungen lassen nicht lange auf sich warten: Wie heiß muss die Wäsche gewaschen werden? Wie bereite ich mein Essen zu? Und stimmt es wirklich, dass man Spinat nicht aufwärmen darf?

Dieses Buch beinhaltet verblüffende Haushaltstipps und Lifehacks für alle Fälle. Mit dem umfangreichen Register findet man ruckzuck den rettenden Tipp. Die Tricks und Kniffe der Autorinnen sind fachkundig zusammengestellt und machen diesen

Ratgeber zum zuverlässigen Helfer
im Haushalt.

Der Inner Wheel Club Ahlen-Münsterland
verwendet die Einnahmen aus diesem Buch
ausschließlich für seine sozialen Projekte.

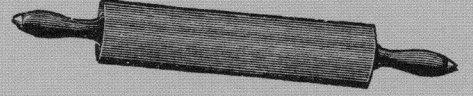

INHALTSVERZEICHNIS

Lebensmittel & Co.

Obst, Gemüse, Pilze und Nüsse

Äpfel	S. 12
Avocados	S. 13
Bananen	S. 15
Champignons	S. 17
Erdbeeren	S. 19
Granatäpfel	S. 20
Gurken	S. 21
Mangos	S. 22
Nüsse	S. 23
Mandeln	S. 24
Oliven	S. 25
Radieschen	S. 26
Rohkostgemüse	S. 27
Salate	S. 28
Tomaten	S. 30
Zitronen	S. 32
Zwiebeln	S. 34

Getreide, Wurzeln und Knollen

Brot	S. 36
Couscous	S. 38
Kartoffeln	S. 39
Ofenkartoffeln	S. 41
Pellkartoffeln	S. 41

Pommes Frites .... S. 42
Nudeln .... S. 43
Pizza .... S. 44
Reis... S. 45

Tierische Lebensmittel

Eier.. S. 46
Fleisch .... S. 48
Bratwurst .... S. 48
Hackfleisch .... S. 50
Geflügel .... S. 51
Käse .... S. 52
Milch .... S. 53
Quark.. S. 54

Aufläufe und Suppen

Aufläufe .... S. 55
Suppen .... S. 56

Zum Würzen und Verfeinern

Dips... S. 58
Dressing .... S. 59
Fette und Öle .... S. 61
Gewürze.. S. 62
Chili.. S. 63
Ingwer .... S. 64
Knoblauch .... S. 65

Kräuter .... S. 66
Salz .... S. 67
Senf .... S. 68

Getränke

Bowle .... S. 69
Sekt .... S. 70
Crushed-Eis .... S. 70
Mineralwasser .... S. 71

Essensmythen

Bier und Wein .... S. 72
Bier .... S. 72
Rotwein .... S. 73
Verdauungsschnaps .... S. 73
Graubrot .... S. 74
Warmes Brot .... S. 74
Frühstück .... S. 75
Bionahrungsmittel .... S. 75
Meeresfrüchte .... S. 76
Bohnen .... S. 76
Spinat .... S. 77

Haushaltstipps und Lifehacks

Backpapier .... S. 80
Gefriergut .... S. 81
Frischhaltefolie .... S. 83
Gläser (öffnen) .... S. 84
Maßeinheiten .... S. 86
Messer schärfen .... S. 88
Kaffeesatz .... S. 89
Backpulver .... S. 90

Wasserkocher entkalken	S. 92
Rotweinflecken	S. 94
Blutflecken	S. 95
Obstflecken	S. 96
Fettflecken	S. 97
Kugelschreiberflecken	S. 99
Filzstiftflecken	S. 100
Kaugummi entfernen	S. 101
Waschen	S. 102
Silberbesteck	S. 103
Goldschmuck	S. 103
Satin- und Seidenhandtaschen	S. 104
Polstermöbel	S. 105
Backofen	S. 107
Isolierkannen	S. 107
Pfannen	S. 108
Fliesen	S. 109
Laminat	S. 110
Toilette	S. 111
Aufkleber entfernen	S. 112
Klebstoffreste	S. 113
Spüle	S. 114
Ceranfeld	S. 116
Staub vermeiden	S. 117
Schuhe	S. 118
Nagellack	S. 120
Bügeln ohne Bügeleisen	S. 120
Kühlakkus selber basteln	S. 121
Glassplitter aufsammeln	S. 121
Reißverschlüsse	S. 122
Schlüssel	S. 122
Schwarze Kleidung auffrischen	S. 123

Lebens-MITTEL & CO.

Obst, Gemüse, Pilze & Nüsse

A ÄPFEL   12

Das beliebte Obst gibt es in vielen verschiedenen Sorten. Das Sprichwort „An apple a day keeps the doctor away" hat einen wahren Kern, denn Äpfel enthalten viele Vitamine und Mineralstoffe.

· Äpfel sollten nicht neben Bananen gelagert werden, da beide Obstsorten sonst zu schnell nachreifen.

· Überreife Äpfel können zu Apfelmus verarbeitet werden.

· Kleine, in Scheiben geschnittene Apfelstücke verfeinern bunten Blattsalat, z. B. grünen Salat mit Tomaten, Mais, Paprika, Nüssen in beliebigen Sorten oder mit Pinienkernen.

AVOCADOS

Avocados sind exotische Früchte mit cremigem Fruchtfleisch und nussartigem Geschmack. Sie sind reich an ungesättigten Fettsäuren, Vitaminen und Ballaststoffen und eignen sich u.a. als Brotaufstrich, für verschiedene Salate, Dips und Smoothies.

· Lässt man harte, unreife Avocados für einige Tage in Zeitungspapier eingewickelt oder in Mehl liegen, dann reifen sie nach. Wenn die Avocado auf einen leichten Fingerdruck nachgibt, ist sie reif.

· Weiche Avocados lassen sich am leichtesten schälen, wenn man sie der Länge nach viertelt und dann den Kern und das Fruchtfleisch mit einem kleinen Löffel abhebt.

· Das Fruchtfleisch verfärbt sich nicht, wenn es mit Zitronensaft vermischt oder beträufelt wird.

· Avocados kann man gut einfrieren, wenn man sie mit einer Gabel zerdrückt, mit etwas Zitronensaft beträufelt, dann in Gefrierbeutel oder Dosen füllt und anschließend in die Tiefkühltruhe legt. Am besten können sie im Kühlschrank wieder aufgetaut werden.

· Avocados immer erst kurz vor dem Servieren an das warme Gericht geben und nicht mitkochen, damit die Nährstoffe erhalten bleiben.

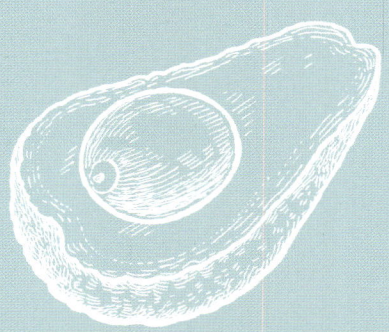

BANANEN

Nicht ganz reife, noch grünliche Bananen können zu Hause noch ein paar Tage liegen, bevor sie gegessen werden, da sie bei Zimmertemperatur sehr schnell nachreifen. Zur Beschleunigung des Reifeprozesses werden die Früchte zusätzlich in Zeitungspapier gewickelt.

· Um eine bräunliche Verfärbung des Fruchtfleischs zu vermeiden, kann man die Banane nach dem Aufschneiden sofort mit Zitronen- oder Limettensaft beträufeln.

· Bananen mit braunen Stellen lassen sich noch gut zu Mus pürieren oder einfrieren.

· Wenn der Bananenmus sich verfärbt, weil beim Pürieren die Zugabe von Zitronensaft vergessen wurde, fügt man noch schnell Zitronensaft und zum Aufhellen Sahne oder Crème fraîche hinzu.

· Bananen sollten nicht im Kühlschrank gelagert werden, es sei denn, sie sind überreif. Durch die Kälte wird der Reifeprozess gestoppt.

· Überreife Bananen kann man sehr gut zu Smoothies und in Shakes verarbeiten oder in der Pfanne mit etwas Zucker und Butter anbraten oder für Cremes und Torten verwenden. Ihr Aroma ist intensiver und süßer als das unreifer Früchte.

· Die Früchte werden besonders aromatisch, wenn sie ungeschält halbiert und mit der Schalenseite nach unten in einer Pfanne ohne Öl gebraten werden. Sobald die Schale schwarz wird, löst sich die Banane von ihr, ist gar und schmeckt köstlich.

CHAMPIGNONS 17

Es gibt weiße und braune Champignons. Besonders große eignen sich gut zum Füllen. Frische Pilze haben feste, geschlossene Köpfe. Die Lamellen sollten, soweit sie sichtbar sind, rosa (nicht dunkelbraun) sein.

· Champignons müssen nur mit einem feuchten Küchenkrepp abgetupft oder mit einer weichen Bürste geputzt werden. Nach Möglichkeit nicht abwaschen, da die Pilze sich sonst mit Wasser vollsaugen und an Geschmack verlieren.

· Den Stiel der Pilze kann man mit einem Messer stutzen und die Pilze dann weiterverarbeiten.

· Sie werden zuerst angebraten und danach gesalzen, damit sie nicht wässern.

· Champignons verfärben sich nicht, wenn sie mit Zitronensaft oder etwas Essigwasser beträufelt werden.

· Mit einem Eierschneider kann man die rohen Champignons schnell in feine Scheiben schneiden.

· Champignons werden am besten im Kühlschrank in einem offenen Behälter aufbewahrt, der mit einem Tuch abgedeckt wird, nicht aber in Plastiktüten, da sie dann schneller schimmeln würden.

· Pilzgerichte sind immer etwas suspekt. Und dann noch aufwärmen? Bisher hieß es immer: Finger weg! Aber: Man darf es doch. Entscheidend ist, dass Pilze zwischenzeitlich gut gekühlt werden, bevor sie zum zweiten Mal im Kochtopf landen. Sonst zersetzen Bakterien das Eiweiß, und das kann zu einer unechten Pilzvergiftung führen.

ERDBEEREN

Aroma pur – kalorienarm, reich an Vitaminen und Mineralstoffen, das ist die Erdbeere. Die Früchte genießt man am besten frisch – die Frische erkennt man an einer glänzenden roten Farbe und an dem Duft.

· Erdbeeren müssen gründlich gewaschen werden – nicht unter fließendem Wasser, sondern in einer Schüssel. Damit sie nicht verwässern, immer erst nach dem Waschen entstielen.

ERDBEER-SCHOKOLADEN-SNACK

Vollmilchkuvertüre in einer Tasse im heißen Wasserbad oder in der Mikrowelle schmelzen. Erdbeeren am Stiel anfassen und bis zur Hälfte der Frucht in die geschmolzene Schokolade tauchen. Wer möchte, kann die Schokolade danach noch mit gehackten Pistazien oder Nüssen bestreuen. Auf ein Backpapier setzen, von dem sie sich nach dem Erstarren leicht lösen lassen.

GRANATÄPFEL

Granatapfelkerne schmecken sehr gut zum Salat und auch zum Dessert.

➤ Wie entkernt man einen Granatapfel?

· Man schneidet einen Granatapfel in zwei Hälften und klopft mit einem Holzlöffel oder der Rückseite eines Messers über einer Schüssel mehrmals auf die Frucht. Die Kerne fallen locker heraus.

· Um Spitzer des Granatapfelsafts zu vermeiden, kann man die Kerne auch in einer mit Wasser gefüllten Schüssel aus dem Granatapfel herauslösen. Die Kerne sinken nach unten, die bitteren weißen Häute schwimmen oben und lassen sich leicht abschöpfen.

◇◇◇◇◇

GURKEN

Die saftigen und erfrischenden Gurken gehören zu den Kürbisgewächsen. Sie enthalten viele Vitamine und Mineralstoffe, aber wenige Kalorien.

· Gurken sollten an einem dunklen Ort bei Temperaturen zwischen 10 und 13 °C aufbewahrt werden.

· Gurken sind ideal für die Schönheitspflege. Als Gesichtsmaske oder zur Pflege der Augen bieten sie sich besonders an.

MANGOS

Die „tropische Vitaminbombe" ist wertvoll für das Immunsystem.

· Mangos sind reif, wenn sie auf einen Fingerdruck leicht nachgeben. Man kann den Reifeprozess beschleunigen, indem man sie in Zeitungspapier einwickelt und neben einen Apfel legt.

· Mangos sollten bei Zimmertemperatur gelagert werden.

· Mangos werden genutzt für herzhafte Gerichte, für Salate, Desserts, Marmeladen und Kompotts, Snacks und Müsli, Saft, Cocktails und Smoothies.

N | NÜSSE

„Apfel, Nuss und Mandelkern essen alle Kinder gern." Nicht nur Kinder, auch Erwachsene schwärmen von den knackigen Kernen als aromatischer Backzutat oder Bestandteil von Müslis und leckeren Desserts.

· Nüsse können ranzig werden, weshalb man auf die Haltbarkeit achten sollte. Eine luftdichte Aufbewahrung an einem dunklen Ort verlängert die Haltbarkeit.

· Ein schmackhafter Ersatz für fehlende gehobelte Mandeln oder Haselnüsse sind Haferflocken, die in der Pfanne ohne Fett hellbraun geröstet werden.

Mandeln

Mandeln schützen die Gesundheit und sind wahre Fettbremsen. Sie stillen das Hungergefühl. Und wer gesättigt ist, isst automatisch weniger! Mandeln enthalten reichlich Ballaststoffe, Eiweiß und Vitamine. Man kann sie nutzen für Salate und Obstsalat, Müsli, Brotaufstrich, Brot, Dressing und Soßen.

· Wenn Mandeln oder Haselnusskerne eingetrocknet sind, kann man sie in Milch legen, dann bekommen sie einen frischen Geschmack.

· Will man die Schale der Mandeln entfernen, legt man sie in heißes Wasser. Die Haut lässt sich später leicht abziehen.

OLIVEN

Oliven, Käse, Baguette und ein guter Rotwein – Erinnerungen an den Urlaub im Süden werden wach! Oliven wachsen im gesamten Mittelmeerraum. Sie werden in verschiedenen Varianten angeboten. Es gibt z. B. grüne oder schwarze Oliven, eingelegte, mit Kräutern gewürzte und mit Mandeln oder Paprika gefüllte.

· Oliven kann man zum Entkernen auf einem Küchenbrett verteilen, mit einem Küchentuch abdecken und mit der Teigrolle sanft darüberrollen, dann die Früchte etwas zwischen den Fingern drücken. Nun kann der Kern leicht herausgeholt werden.

· Reste von Oliven im bereits geöffneten Schraubglas schimmeln nicht so schnell, wenn man einige Zitronenscheiben darauflegt oder sie mit etwas Öl übergießt.

RADIESCHEN

Radieschen sind die rötlichen, scharf schmeckenden verdickten Wurzeln einer Rettichart. Die knackigen Radieschen sind sehr gesund und werden roh z. B. in Salat oder einfach mit etwas Salz verspeist.

· Welk gewordene Radieschen werden wieder knackig, wenn man sie mit den Blättern nach unten in kaltes Wasser legt. Vorsicht: nicht über Nacht im Kühlschrank aufbewahren, da sonst das Laub zu faulen beginnt.

· Sind Radieschen zu scharf, kann man sie aufschneiden und mit etwas Salz bestreuen, 30 Minuten ziehen lassen und mit Küchenpapier trockentupfen, das mildert ihren Geschmack.

ROHKOSTGEMÜSE

Fast alle Gemüsesorten eignen sich zum Verzehr im rohen Zustand, z. B. mit einem Dip oder als Rohkostsalat mit einem Dressing.

· Besonders lecker sind die Kombinationen Fenchel-Orange, Möhre-Apfel, Babyspinat-Granatapfel, Gurke-Radieschen.

· Auf keinen Fall im ungekochten Zustand essen oder für Smoothies verwenden sollte man Kartoffeln, Bohnen, Auberginen und Rhabarber.

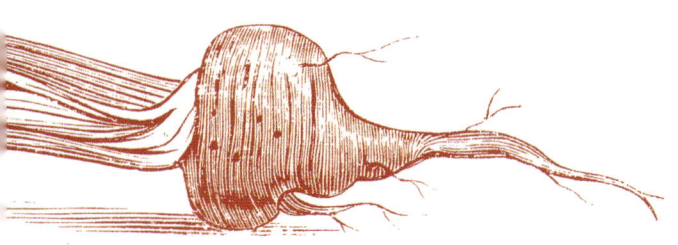

SALATE

Salat ist ein Sammelbegriff für viele zarte Blattpflanzen, die mit verschiedenen Dressings angemacht und meist roh verzehrt werden. Salat ist sehr vitaminreich und besonders im Sommer eine gute Erfrischung. Erhöht werden kann der Vitamingehalt im Salat durch die Zugabe von Brunnenkresse, Sprossen, geriebenen Möhren usw. Beim Einkauf immer auf knackige Frische achten!

· Welker Salat wird wieder knackig, wenn man ihn in eine Schüssel mit kaltem Wasser legt, den Saft einer halben Zitrone hinzufügt und für mindestens 30 Minuten kalt stellt.

· Gewaschenen, gut ausgeschleuderten Salat kann man in eine verschließbare Dose geben und 1 bis 2 Tage im Kühlschrank aufbewahren.

· Durch die Zugabe von etwas Salz oder Essig beim Waschen wird eventuell im Salat vorhandenes Ungeziefer herausgelockt.

· Kopfsalat sollte man niemals neben reifem Obst lagern, da er sonst braun wird. Ist dies passiert, kann er nicht mehr verwendet werden.

· Salatdressing sollte man erst kurz vor dem Servieren über den Salat geben, da er schnell zusammenfällt und unansehnlich wird.

TOMATEN

Die Tomate gehört zu den Nachtschattengewächsen. Sie ist äußerst gesund, da sie über wertvolle Inhaltsstoffe wie Vitamine und Lycopin verfügt. Lycopin ist ein spezielles Carotinoid mit antioxidativen Eigenschaften. Carotinoide sind fettlöslich. Darum soll man bei der Zubereitung von Speisen mit Tomaten immer ein paar Tropfen Öl hinzugeben. Lycopin entfaltet seine volle Wirkung bei hohen Temperaturen. Auch Tomatenmark und Tomatensaft sind deshalb gesund.

· Tomaten gehören nicht in den Kühlschrank (auch nicht ins Gemüsefach), da sie kälteempfindlich sind. Sie entfalten ihr volles Aroma, wenn sie an einem dunklen Platz bei Zimmertemperatur lagern.

· Tomaten sollte man nicht neben anderen Früchten lagern, da ihr Reifegas den

Alterungsprozess anderer Obst- und Gemüsesorten beschleunigt.

· Tomaten reifen im Sonnenlicht nach oder auch in der Nähe von Äpfeln, die ebenfalls ein Reifegas ausströmen.

· Da Licht, Wärme und Sauerstoff die Nährstoffe verringern, sollte man reife Tomaten innerhalb von 4–5 Tagen verwerten.

· Wer hat Appetit auf einige Kilo Tomaten? So viel kann man essen, ohne dass die grünen Stellen an der Frucht, die tatsächlich das giftige Solanin enthalten, schaden.

ZITRONEN

Die Zitrone gehört zu den Südfrüchten. Sie ist ein Allroundtalent und nicht aus der Küche und dem Haushalt wegzudenken. Ihr Fruchtfleisch enthält viel Zitronensäure und Vitamin C.

· Man verwendet den Zitronensaft in Salatsoßen, Süßspeisen, Gebäck und vielen anderen Gerichten.

· Der Saft einer halben oder ganzen Zitrone, vermischt mit Wasser und Honig, ist ein beliebtes Hausmittel bei Erkältungen. Das Wasser sollte für diesen Zweck nicht zu heiß sein, da Vitamin C hitzeempfindlich ist.

· Die Schale einer unbehandelten Zitrone benutzt man als Geschmacksverstärker in Gebäck, Kuchen, Soßen und vielen anderen Speisen.

· Aus Zitronen und Limetten holt man mehr Saft heraus, wenn man das Fruchtfleisch nach dem Anrollen und Halbieren und vor dem Auspressen mit dem Messer ansticht.

· Wenn man eine Zitrone oder Orange nur angeschnitten hat und sie länger aufbewahren will, legt man sie einfach in eine Schüssel mit frischem Wasser. Sie bleibt darin bis zu einer Woche frisch, wenn man das Wasser täglich austauscht.

· Zitronen- oder Limettenscheiben geben Mineralwasser einen frischen Geschmack.

ZWIEBELN

Die Küchen- und Speisezwiebel ist eine aus dem westlichen Asien stammende, in zahlreichen Sorten kultivierte Lauchart. Man unterscheidet neben der einfachen braunen Küchenzwiebel rote und weiße Sorten sowie die milder schmeckenden Gemüsezwiebeln und Schalotten. Zwiebeln, die roh scharf, gegart aber süßlich schmecken, machen unzählige Speisen und Saucen würzig und aromatisch.

· Das Tränen der Augen beim Zwiebelschneiden ist unangenehm. Dagegen hilft nur eines zuverlässig: eine Taucherbrille!

· Schwer schälbare Zwiebeln kann man kurz in sehr heißes Wasser tauchen, anschließend kalt abschrecken und dann ganz leicht schälen.

· Zwiebelgeruch an Messern beseitigt man, indem man das Messer durch eine Möhre zieht.

· Wenn Zwiebeln beim Anschwitzen ungleichmäßig bräunen, kann man sie mit Zucker bestreuen.

· Angebrannte Zwiebeln kann man nicht retten. Es müssen neue genommen werden. Dann sollte man aber das Fett nicht zu heiß werden lassen und beim Anbraten ständig rühren.

Die Zwiebel hat eine antibakterielle und desinfizierende Wirkung:

Bei Insektenstichen

Eine aufgelegte Zwiebelscheibe auf dem Stich wirkt entzündungshemmend.

Bei Ohrenschmerzen

Eine gehackte Zwiebel in der Pfanne erwärmen, in ein Tuch geben und als Kompresse hinter oder auf das Ohr legen. Dabei aufpassen, dass kein Zwiebelsaft in den Gehörgang gelangt!

Getreide, Wurzeln und Knollen

B | BROT | 36

Hierzulande haben wir ein Angebot von über 300 verschiedenen Brotsorten, u. a. Vollkorn-, Misch-, Weiß- und Schwarzbrot, Knäckebrot, Brötchen und Croissants.

· Brot bleibt am besten frisch, wenn es nur nach Bedarf aufgeschnitten und zusammen mit dem Einwickelpapier in eine Plastiktüte gegeben wird.

· Brot sollte immer dunkel und trocken gelagert werden.

· Trocken gewordenes Brot kann man in ein feuchtes Tuch wickeln, über Nacht in den Kühlschrank legen und vor dem

Verzehr kurz im Backofen erwärmen oder toasten.

· Hart gewordenes Brot muss nicht weggeworfen, sondern kann in kleine Würfel geschnitten und mit etwas Butter angebraten werden. So hat man leckere Croutons für den Salat oder zum Knabbern. Man kann aus dem hart gewordenen Brot auch Paniermehl machen, indem man es in eine Plastiktüte gibt und diese mit einem Nudelholz walzt.

· Brot mit Schimmelstellen sollte unbedingt im Ganzen weggeworfen werden. Das Myzel hat sich bereits unsichtbar im ganzen Brot ausgebreitet, selbst wenn der Schimmelpilz nur an einer Stelle sichtbar wird.

· Brot lässt sich sehr gut scheibenweise in Gefrierbeuteln einfrieren. Es kann auf dem Toaster, in der Mikrowelle oder im Backofen aufgetaut werden.

COUSCOUS

Couscous ist super schnell zubereitet, günstig, besonders nahrhaft und hat einen milden, leicht nussigen Geschmack. Er eignet sich als Hauptgericht zu Fleisch und Fisch oder als Beilage und als Salat.

· Bei der Portionierung vor dem Kochen sollte man beachten, dass Couscous extrem aufquillt.

· Da Couscous schnell austrocknet und fest wird, kann man ihn nach dem Kochen mit der Gabel auflockern und mit etwas Butter oder etwas Öl verfeinern.

· Couscous kann zusätzlich mit beliebigen Kräutern und Gewürzen abgeschmeckt werden.

KARTOFFELN

Kartoffel ist nicht gleich Kartoffel! So sind die festkochenden Sorten für Bratkartoffeln und Kartoffelsalat geeignet, vorwiegend festkochende Sorten hingegen für Salzkartoffeln, und mehligkochende Kartoffeln lassen sich gut für Pürees, Knödel, Puffer und Suppen verwenden.

· Versalzene Kartoffeln können mit dem Stampfer zerkleinert und durch Zugabe von Milch und Butter zu Kartoffelpüree verarbeitet werden.

· Sind Kartoffeln angebrannt, kann man die Brandstellen abschneiden, die Kartoffeln noch einmal mit frischem Wasser aufsetzen und kurz aufkochen lassen.

· Eine Kartoffel wirkt Wunder! Kocht man eine große Knolle 20 Minuten in einer Suppe mit und nimmt sie anschließend wieder heraus, bekommt die Suppe einen guten Geschmack und wird sämig.

Noch besser ist es, wenn die Kartoffel klein geschnitten wird.

· Ist das Kartoffelpüree oder eine Suppe zu dünnflüssig, kann man etwas Kartoffelstärke unterrühren und quellen lassen.

· Ebenso kann man, wenn der Kartoffelkloßteig klebt, Stärke- oder Kartoffelmehl hinzugeben.

· Weich gewordene Kartoffelchips werden wieder kross, wenn sie kurz aufgebacken werden.

· Die Kartoffelschale sollte aufgrund des hohen Solaningehalts nicht roh gegessen werden. Grüne Stellen müssen vollständig entfernt werden.

Kartoffelwickel gegen Erkältung

Gekochte, noch warme Kartoffeln zu Brei zerdrücken, in ein Küchentuch einschlagen und auf Hals, Ohren, Nacken oder Rücken legen.

Ofenkartoffeln

· Kartoffeln, die in der Schale gegart werden, kann man mehrmals mit der Gabel einstechen. Dadurch garen sie schneller.

· Um ein Anbacken zu vermeiden, kann man Kochsalz auf das Backblech streuen.

· Wenn man die Kartoffeln nur zur Hälfte in Folie packt, dringt die Ofenwärme schneller ein und die Garzeit verkürzt sich. Außerdem kann die Kartoffel für eine Garprobe angestochen werden.

Pellkartoffeln

· Kochen: Kartoffeln, die in der Schale gekocht werden, werden schneller gar, wenn man die Schale mehrmals einsticht.

- Abschrecken: Die Schale lässt sich leichter abziehen, wenn man die Kartoffeln kurz mit kaltem Wasser abschreckt.

- Kleine Pellkartoffeln lassen sich gut mit dem Eierschneider in Scheiben schneiden.

Pommes frites

- Wenn Pommes fade schmecken, kann man sie nach Art der Engländer mit etwas weißem Essig beträufeln. So tritt das Kartoffelaroma wieder in den Vordergrund.

- Matschig gewordene Pommes frites werden wieder kross, wenn man sie auf einem Backblech ausbereitet und im Backofen neu erwärmt.

NUDELN

Die beste Pasta besteht zu 100 % aus Hartweizengrieß ohne Zusatz von Ei. Sie wird „al dente", also bissfest, gegart.

· „Kleben": Die Nudeln wurden zu lange gekocht. Wenn man sie erneut mit heißem Wasser übergießt, lösen sie sich wieder.

· Kochen über: Einige Tropfen Öl ins Kochwasser geben.

· Schmecken fade: Die Nudeln sind im ungewürzten Wasser zubereitet worden. Man kann eine fein geschnittene Zwiebel in Butter schwenken und unterheben; vorbeugend kann dem Kochwasser neben Salz eine Tasse angewärmter Weißwein zugegeben werden.

· Um Nudeln geschmacklich kräftiger zu machen, kann man dem Kochwasser einen Brühwürfel, eine kleine Zwiebel und ein Lorbeerblatt zufügen.

PIZZA

Das berühmte Gericht erfreut sich allgemeiner Beliebtheit. Ursprünglich nur mit Tomatensauce, Basilikum und Mozzarella belegt, wird sie heute in unzähligen Varianten angeboten und selbst zubereitet.

· Tiefkühlpizza deluxe: Angetaute TK-Pizza mit Parmesan bestreuen und anschließend bei einer Temperatur von 240 °C im vorgeheizten Backofen fertig backen.

· Wenn der Teig fehlt: Fladenbrot waagerecht durchschneiden und mit Pizzasauce aus dem Glas bestreichen. Mit frischen Zutaten nach Belieben belegen und bei 200 °C überbacken.

· Zu lang gebackene Pizza: Nochmals üppig mit Käse, Tomaten etc. belegen und großzügig mit gutem Olivenöl beträufeln, kurz wieder in den heißen Backofen schieben, bis der Käse geschmolzen ist.

REIS

Langkornreis, Parboiled Reis und Naturreis eignen sich gut als Beilage. Naturreis ist gesünder, weil er seine vitaminreiche Silberhaut behalten hat. Er braucht jedoch eine längere Garzeit. Rundkornreis wurde für viele Verwendungsmöglichkeiten gezüchtet. Er eignet sich für Risotto, Paella und Milchreis.

· Ist Reis angebrannt, kann man den nicht angebrannten Teil vorsichtig und ohne zu kratzen abheben und in einem neuen Topf mit etwas Wasser und einem Brühwürfel noch einmal kurz aufkochen.

· Wird Reis beim Kochen nicht weiß genug, kann man dem Kochwasser einen Spritzer Zitronensaft zugeben.

· Übrig gebliebenen Reis kann man einfrieren. Der gefrorene Reis wird zum Zubereiten in kochendes Salzwasser gegeben.

Tierische Lebensmittel

 EIER

Eier werden in der Küche zum Backen, Braten und Kochen verwendet. Das vielseitige Nahrungsmittel bereichert Frühstück, Mittagessen und Abendessen gleichermaßen.

· Ein Ei ist nicht mehr frisch, wenn es in einem mit Wasser gefüllten Behälter an der Oberfläche schwimmt. Sinkt es zu Boden und richtet sich danach auf, sollte es möglichst bald verwendet werden. Sinkt es zu Boden und bleibt liegen, ist es frisch. Wenn man abwechselnd braune und weiße Eier kauft, weiß man immer, welche die frischen bzw. älteren sind.

· Bei Bedarf können aus überschüssigem Eiweiß Baisers, Makronen oder Glasuren hergestellt werden. Es lässt sich auch gut in kleinen Portionen einfrieren – man kann es sogar nach dem Auftauen noch steif schlagen!

· Eischnee wird durch die Zugabe von einer Prise Salz oder einem Teelöffel kaltem Wasser besonders gut fest.

Eier trennen leicht gemacht

Das Ei wird aufgeschlagen auf einen Teller gegeben. Danach drückt man eine leere PET-Flasche zusammen und hält die Öffnung über das Eigelb. Sobald man Luft in die Flasche lässt, wird das Eigelb angesaugt. Mit leichtem Druck lässt man das Eigelb in den Behälter gleiten, in dem es weiterverarbeitet werden soll.

FLEISCH

Nach dem Kauf muss Fleisch möglichst rasch kühl gelagert werden, wenn es nicht sofort zubereitet wird. Temperaturen von 2–4 °C sind ideal.

Muss Fleisch wirklich scharf angebraten werden, damit sich die Poren schließen? – Nein. Fleisch hat keine Poren. Beim Anbraten karamellisiert die Oberfläche und wird dadurch kross. Experten raten sowieso zum Garen bei niedrigen Temperaturen, damit das Fleisch saftig bleibt. Wichtig: vorher nicht salzen!

Bratwurst

Ob Nürnberger, Thüringer oder Krakauer: Die regionalen Vorlieben sind unterschiedlich. Die Bratwurst wird aus gewürztem, mehr oder weniger fein zerkleinertem Fleisch und Fett, auch Mett oder Brät genannt, hergestellt und in Naturdarm abgefüllt. Man kann sie in der Pfanne oder auf dem Grill zubereiten.

· Sticht man Bratwürste mehrmals mit einer Nadel ein, entweicht das Wasser beim Braten und die Bratwurst platzt nicht auf. Außerdem sollte die Wurst nicht direkt kühlschrankkalt ins heiße Fett gelegt werden, sondern nur mit Zimmertemperatur.

· Die Bratwurst wird krosser, wenn etwas Zucker in das Bratfett gestreut oder die Wurst vor dem Braten kurz in Milch getaucht wird. Durch das Eintauchen in Milch platzt die Bratwurst auch nicht auf. Mit Bier bepinselt wird sie brauner und krosser.

· Wenn zu viele Bratwürste zu eng in der Pfanne liegen, werden sie nicht braun, weil durch die austretende Flüssigkeit die Temperatur des Fettes gesenkt wird und die Würste deshalb eher in der Flüssigkeit schmoren. Besser ist es, die Würste in zwei Portionen oder in zwei Pfannen zu braten.

- Leicht angebrannte Bratwürste kann man mit einem Stück Küchenpapier, das mit etwas kaltem Öl getränkt wird, abwischen, sodass die schwarzen Stellen verschwinden.

- Übrig gebliebene Bratwürste eignen sich auch gut zur Resteverwertung, z. B. für ein Bratkartoffelpfannengericht.

- Bratwürste lassen sich gut portionsweise einfrieren.

Hackfleisch

Hackfleisch oder Gehacktes wird aus Schweine-, Rind- oder Lammfleisch hergestellt, indem Fleischstücke durch den Wolf gedreht werden. Schweine- und Rinderhack wird oft vermischt als „halb und halb" angeboten. Besonders hochwertiges Hackfleisch ist das vom Rind stammende Tatar.

- Mit Hackfleisch lassen sich schnelle und unkomplizierte Gerichte zubereiten: Hackfleischbällchen, Aufläufe, Eintöpfe, Hackbraten, Frikadellen, Burger, Lasagne.

Geflügel

Geflügelfleisch ist für die schnelle Küche geeignet, kalorienarm, reich an Vitaminen und Mineralstoffen und vielseitig. Die Hygiene ist bei der Zubereitung besonders wichtig, da Salmonellengefahr besteht.

- Geflügelfleisch nicht abwaschen, da durch das Spritzwasser krankheitserregende Campylobacter-Bakterien in der Küche verteilt werden können.

- Nicht auf einem Holzbrett schneiden, das (Plastik-)Brett nur für Geflügel verwenden.

- Geflügel gut garen, es darf auf keinen Fall rosa sein.

KÄSE

Käse ist ein Nahrungsmittel, das vielseitig genutzt werden kann: nicht nur als Brotbelag, sondern auch als Geschmacksträger zur Suppe, zum Fleischgericht, zu Nudeln und zu vielem mehr.

· Käse etwa 30 Minuten vor dem Verzehr aus dem Kühlschrank nehmen, um den vollen Geschmack genießen zu können.

· Zu hart gewordenen Käse kann man reiben und für Aufläufe und zum Überbacken nehmen.

· Mozzarella lässt sich leicht und unkompliziert mit dem Eierschneider teilen.

· Hart- und Schnittkäse lassen sich gut portionsweise einfrieren. So hat man einen Vorrat und gleichzeitig eine gute Resteverwertung.

MILCH

Milch gibt es in vielen Varianten. Kuhmilch wird etwa als Rohmilch, Vorzugsmilch, Vollmilch, fettarme Milch, Magermilch, Frischmilch oder H-Milch angeboten.

· Milch kocht nicht so schnell über, wenn man den Topf zuvor mit kaltem Wasser ausspült und den Topfrand dünn mit Butter bestreicht.

· Milch kann die Schärfe in Gerichten mildern, die versehentlich zu scharf gewürzt wurden. Es muss nicht immer Sahne sein!

QUARK

Quark wird hauptsächlich durch Milchsäurebildung und Zugabe von Lab aus Milch hergestellt. Speisequark gibt es im Handel mit verschiedenem Fettgehalt. Man unterscheidet Magerquark, Quark mit 20% Fettgehalt und Quark mit 40% Fettgehalt.

· Quark ist in der Küche vielseitig verwendbar: für Süßspeisen, zur Herstellung von Kuchen und Gebäck, als Brotaufstrich mit Kräutern und als herzhafte Füllung für z. B. Ofenkartoffeln.

· Quark hilft als Quarkwickel bei Schwellungen und Entzündungen.

· Wenn man ganz schnell einen Nachtisch braucht: Quark mit etwas Milch, Zucker und Vanillezucker verrühren. Dazu passt besonders gut Beerenobst. Im Münsterland nennt man diese Nachspeise Stippmilch.

Aufläufe und Suppen

AUFLÄUFE

55

Aufläufe lassen sich besonders gut aus übrig gebliebenen Lebensmitteln zubereiten. Geeignet sind z. B. Nudeln oder Reis mit Gemüse wie Pilzen, Mais, Paprika, Erbsen sowie Käse jeder Art.

· Bei „Umluft" im Backofen bekommt der Auflauf eine besonders krosse Oberschicht.

· Aufläufe kann man lauwarm einfrieren, so bleiben sie nach dem Auftauen frisch.

· Optimale Backofentemperatur für Aufläufe ist 160 °C bei 40–60 Minuten. Höhere Temperaturen lassen den Auflauf verkrusten oder austrocknen.

SUPPEN

Das Wort „sope" stammt aus dem altfranzösischen Sprachgebrauch und bedeutet so viel wie „eingeweichtes Brot in Brühe".

· Schmeckt die Suppe fade? Durch süße oder saure Sahne, Frischkäse oder Joghurt bekommt sie Pfiff. Ist die Suppe versalzen, kann man eine Scheibe altbackenes Brot oder ein Brötchen kurz mitkochen lassen und dann wieder entfernen.

· Bei versalzener Suppe hilft es ebenfalls, kaltes Wasser hinzuzugeben und die Suppe zu verlängern. Cremesuppen lassen sich mit Sahne abmildern.

· Auch eine Kartoffel wirkt Wunder! Wenn die Suppe zu scharf ist, gibt man eine dicke Knolle in die Suppe, lässt sie mitkochen und nimmt sie später wieder heraus.

· Suppe mit bitterem Beigeschmack kann man mit Schmelzkäse und Sahne verfeinern. Das gelingt besonders gut bei Lauchsuppe.

· Angebrannte Suppe sollte man in einen anderen Topf gießen. Auf keinen Fall den angebrannten Bodensatz abkratzen.

· Reicht die Suppe nicht aus, kann man sie mit Brühe verlängern. Cremesuppe wird mit Sahne und Schmelzkäse verlängert.

· Suppe zum Abkühlen niemals mit einem Deckel verschließen, da sie sonst „umkippen", d. h. sauer werden kann.

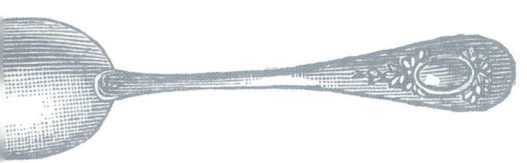

Zum Würzen und Verfeinern

D DIPS 58

Jogurt oder Quark – das ist die Basis vieler Dips, die zusammen mit rohem Gemüse eine leckere Vorspeise ergeben oder als gesunder Snack zwischendurch genossen werden können.

Einfach Joghurt, Schmand oder einen Becher Magerquark mit Milch oder Mineralwasser zu einer cremigen Konsistenz verrühren. Frische oder tiefgekühlte Kräuter, nach Belieben auch Zwiebeln, etwas Knoblauch, Kresse oder feingeschnittene Radieschen zugeben. Mit Salz, Pfeffer, Zitronensaft und einer Prise Zucker würzen, fertig! Dazu passen in Stifte geschnittene Gurken, Möhren, Staudensellerie, Tomaten, Fenchel oder auch Pellkartoffeln.

DRESSING

Ein Dressing besteht immer aus einer sauren Komponente wie Essig oder Zitronensaft und einem Öl etwa im Verhältnis 1:3. Gewürzt wird mit Salz und Pfeffer, einer Prise Zucker oder etwas Honig und eventuell einem Teelöffel Senf, der das Dressing auch emulgiert, also Wasser- und Fettbestandteile verbindet.

Man kann es nach Belieben abwandeln: Je nach Bestand im Vorratsschrank kann ein Öl, ein Obstessig oder Balsamico verwendet werden, aber auch die Ölkomponente kann man ganz oder teilweise durch Joghurt bzw. Sauerrahm ersetzen.

· Dressings werden besonders schnell glatt verrührt, wenn man alle Zutaten in ein sauberes, ausgedientes Marmeladenglas gibt. Deckel aufschrauben, schütteln, fertig! Der Vorteil: Hat man zu viel Dressing zubereitet, hält es sich im Kühlschrank 3–4 Tage.

· Zu sauer geratene Salatsoße kann man mit etwas zusätzlichem Öl, 1 TL Honig, Zuckerwasser oder Süßstoff retten. Das Dressing wird auch milder, wenn man etwas Sahne oder Joghurt unterrührt. Sollte eine Soße oder eine Vinaigrette zu sauer sein, einfach ein Lorbeerblatt hineingeben und die Säure ist weg.

FETTE UND ÖLE

Besonders die mehrfach ungesättigten Fettsäuren aus pflanzlichen Ölen, aber auch aus dem Fett einiger Fische gehören zu einer gesunden Ernährung. Im nicht erhitzten Zustand, z. B. in einem Dressing oder zum Verfeinern von fertigen Gerichten, sind sie besonders wertvoll.

· Fette wie z. B. Butter oder Margarine eignen sich nicht so gut zum Erhitzen bei hohen Temperaturen. Kalt gepresste Öle eignen sich weniger gut als raffinierte Öle oder Butterschmalz.

· Zum Frittieren gibt man Öl in einen Topf und erhitzt es, bis sich Schlieren um einen Holz-Kochlöffel bilden. Jetzt ist die richtige Temperatur erreicht und man kann seine Zutaten knusprig ausbacken.

· Die schonendere Garmethode ist das Garen im eigenen Saft. Sie eignet sich hervorragend für Fisch wie zum Beispiel Lachs.

GEWÜRZE

Die Geschmacks- und Geruchsstoffe der Gewürze verleihen jeder Speise das besondere Etwas. Die Vielfalt der Gewürze bietet unendlich viele Möglichkeiten, individuelle Speisen herzustellen. Zum Würzen gehören Mut und Einfallsreichtum – Probieren geht über Studieren!

· Viele Gewürzsaaten entfalten ihre Aromen wesentlich intensiver, wenn sie in einer beschichteten Pfanne kurz angeröstet und dann gemörsert werden. Wer keinen Mörser hat, zerreibt sie mit einem großen sauberen Kiesel auf einem Holzbrett.

· Gibt man Gewürzkörner oder -zweige in ein Gericht, lassen sie sich nach dem Garen leichter entfernen, wenn man einen Teefilter damit befüllt und diesen oben zubindet. Die Aromen sind im Essen und das lästige Kauen auf Körnern entfällt.

CHILI

Chili ist eine sehr scharfe kleine Paprikaschote. Die größte Schärfe befindet sich in den Samenkörnern, die herausgekratzt werden, damit das Gericht etwas milder wird.

· Nach der Verarbeitung sollte man sofort gründlich die Hände waschen, da der Saft extrem brennt, wenn er in die Augen gerät.

· Getrocknete Chilischoten können als Ersatz für frische verwendet werden.

· Chili sollte immer vorsichtig dosiert werden. Hat man zu viel Chili verwendet, wird das Gericht mit der Zugabe von Milchprodukten (Sahne, Schmand, Joghurt, Crème fraîche, geriebenem Käse oder Kokosmilch) milder.

· Ein zu scharfes Gemüsegericht oder ein zu scharfer Eintopf kann mit frischer Fleisch- oder Gemüsebrühe aufgefüllt werden und wird dadurch entschärft.

INGWER

Ingwer enthält viele Vitamine, ist ein Hausmittel gegen Erkältungen und Reiseübelkeit, stärkt das Immunsystem, wirkt entzündungshemmend, schmerzlindernd und hat eine positive Wirkung bei Verdauungsstörungen. Ingwer gibt es frisch zu kaufen, als Pulver und als leckere Süßigkeit.

· Die Schale der Ingwerknolle lässt sich mit einem Löffel abschaben. Dazu nimmt man den Löffel zwischen Daumen und Zeigefinger, sodass der Daumen auf der Unterseite des Löffels auf der Wölbung liegt. Zum Abschaben der Schale dreht man die Oberseite des Löffels nach unten und schabt die Schale des Ingwers von oben nach unten ab.

· Ingwer wird gerne als Tee getrunken. Mit Zitronensaft, einer Zimtstange oder etwas Apfelsaft lässt sich der Geschmack verfeinern.

KNOBLAUCH

Knoblauch hält Blut, Herz und Gefäße gesund und gilt als natürliches Antibiotikum.

· Knoblauchzehen sollten kühl und trocken, im Sommer im Gemüsefach des Kühlschranks aufbewahrt werden.

· Eine Knoblauchzehe mit der Gabel zerkleinert und in etwas Salz gedrückt, wirkt schnell und lässt sich gut unter die Speise mischen.

· Knoblauchgeruch an den Händen: Man kann die Hände mit Zitronensaft einreiben, kurz einwirken lassen, anschließend mit Wasser abspülen. Alternativ dazu kann man sich die Hände mit feuchtem Kaffee, feuchtem Salz, Zahnpasta oder Milch waschen. Auch das gründliche Abreiben der Hände an Edelstahl soll helfen.

KRÄUTER

Kräuter begleiten uns täglich. Sie sind erhältlich als frische Pflanze und in getrockneter Form. Kräuter verfeinern Speisen und geben den richtigen Geschmack, sie sind Heilpflanzen, werden in der Homöopathie und als Körperöle genutzt.

· Kräuter sollten schnell verarbeitet werden, um das Aroma und die ätherischen Öle zu erhalten.

· Kräuter, die nach dem Garen nicht in der Speise bleiben sollen, kann man in einen zugebundenen Kaffee- oder Teefilter geben.

· Kräuter bleiben lange frisch, wenn sie in ein feuchtes Papiertuch eingewickelt im Kühlschrank liegen.

· Welke Kräuter können in pürierten Suppen oder Smoothies genutzt werden.

SALZ

Auf Salz kann keiner verzichten – es ist lebensnotwendig. Andererseits soll man Salz verwenden wie ein Geizhals. Jod und Fluor sind in unserer Nahrung oft nicht ausreichend vorhanden, weshalb man ruhig Salz mit Jod- und Fluorzusätzen kaufen kann.

· Salz klumpt, wenn es feucht wird. Zum Trocknen kann man es kurz in die Mikrowelle oder in eine warme Pfanne geben.

· Im Salzstreuer saugen einige Körner Reis die Feuchtigkeit auf. Zu diesem Zweck kann man auch ein Stück Löschpapier ins Vorratsglas legen.

· Fehlendes Salz kann durch Brühe, Gewürze und Kräuter ersetzt werden.

· Wenn man ein paar Körner Salz ins Bratfett streut, bleibt das Öl dort, wo es sein soll: in der Pfanne. Und man kann sich wieder gefahrlos dem Herd nähern.

SENF

Senf ist ein pikantes Würzmittel, das als Bestandteil von Saucen und Dressings eingesetzt oder zum Würzen von Fleisch und Wurst bei Tisch angeboten wird. Es gibt süßen Weißwurstsenf, kräftigen Dijonsenf, extra scharfen Senf und viele Sorten mehr.

· Eingetrockneten Senf kann man mit etwas warmem Wasser oder einigen Tropfen Milch wieder geschmeidig rühren.

· Senf ist ein natürlicher Emulgator, z. B. bei der Herstellung von Mayonnaise und Salatsoßen.

Getränke

BOWLE

Die Bowle ist ein fruchtig prickelndes und frisches Getränk, für das es unendlich viele Rezeptvariationen gibt.

· Bowle wird mit frischem Obst oder Dosenobst, in mundgerechte Stücke geschnitten, zubereitet. Man kann die Früchte auch vorher 30 Minuten lang in Alkohol einlegen und anschließend mit Sekt, Prosecco, Wein und Mineralwasser oder auch mit Gin oder Wodka aufgießen.

· Besonders gut eignen sich tiefgekühlte Beeren, weil sie die Bowle gut kühlen und sich länger halten als frisches Obst.

Sekt wieder zum Prickeln bringen

Eine geöffnete Flasche Sekt bringt man am nächsten Tag wieder zum Prickeln, indem man kurz vor dem Verzehr eine Rosine hineingibt.

Crushed-Eis

Crushed-Eis kann ganz leicht und auf günstige Weise selber hergestellt werden, indem Wasser in Gefrierbeutel gefüllt wird. Dann einfrieren und anschließend mit einem Nudelholz, Hammer oder Fleischklopfer auf einer festen Unterlage oder draußen auf dem Steinfußboden zerkleinern.

MINERALWASSER

Mineralwasser ist ein Trinkwasser, das mit Mineralien und teilweise Kohlensäure versetzt ist. Es handelt sich um Grundwasser, das am Gewinnungsort, der Quelle oder dem Brunnen, abgefüllt wird.

· Mineralwasser aus einer schönen Karaffe, angereichert mit Zitrone, Zitronenmelisse oder frischen Früchten, schmeckt besonders gut.

· Pfannkuchenteig und Omeletts werden durch die Zugabe von kohlensäurehaltigem Mineralwasser aufgelockert.

Essensmythen

B | BIER UND WEIN | 72

Das Sprichwort: „Bier auf Wein, das lass sein!" stimmt nicht. Die Reihenfolge, in der man trinkt, ist für den folgenden Kater total egal. Es kommt allein auf die Menge an.

Bier

Bier macht dick, das ist allgemeine Volksmeinung. Bier weist jedoch keinen außergewöhnlich hohen Energiegehalt auf. Allerdings regt Bier Appetit und Verdauung an. Es gibt auch Untersuchungen, die den männlichen „Bierbauch" mit Inhaltsstoffen im Bier in Verbindung bringen, die in ihrer Wirkung weiblichen Sexualhormonen (Östrogenen) ähneln.

Rotwein

Rotwein trinkt man mit Zimmertemperatur? Unsere heutige Raumtemperatur schwankt, allen guten Vorsätzen zur Energieeinsparung zum Trotz, zwischen 20 und 22 °C. Das ist auch für den schwersten Rotwein zu viel. Er schmeckt wie lauwarme Brühe. Die Regel von der „Zimmertemperatur" stammt noch aus Zeiten, als die Menschen mit geringeren Heizleistungen zufrieden waren. Heute werden für Rotweine – je nach Schwere – Temperaturen zwischen 12 und 18 °C empfohlen.

V VERDAUUNGSSCHNAPS

Nach dem Essen ein Verdauungsschnäpschen? Lieber nicht! Die Magensäure wird durch den Alkohol verdünnt, und diese soll ja das Fett zersetzen. Der Schnaps danach ist also eine Verdauungsbremse.

GRAUBROT

Der Weißbrot-Toast schießt aus dem Toaster. Leicht grübelnd – wegen der Fehlernährung – denkt man daran, demnächst auf Graubrot umzusteigen. Das kann man sich sparen, da beide zum Großteil aus ballaststoffarmen Auszugsmehlen hergestellt werden. Wenn schon kein Toast, dann Vollkornbrot.

 ## WARMES BROT

Warmes Brot kann man guten Gewissens genießen, denn es verursacht keine Bauchschmerzen. Dieser Irrglaube kommt vermutlich aus den 30er und 40er Jahren. Damals gab es ein Gesetz, nach dem Brot erst am Tag nach dem Backen verkauft werden durfte. Denn älteres Brot musste mehr gekaut werden und gab deshalb ein besseres Sättigungsgefühl.

F FRÜHSTÜCK 75

Keine Zeit fürs Frühstück? Da muss keiner ein schlechtes Gewissen haben. Ganz egal, wann der Erwachsene seinen täglichen Ernährungsfahrplan beginnt, wichtig ist allein, was er im Laufe des Tages zu sich nimmt.

B BIONAHRUNGSMITTEL

Bionahrungsmittel sind auch nicht gesünder als andere, sagen einige. Es stimmt, dass Pestizide allgegenwärtig sind – in der Luft, im Boden, im Wasser. Daher ist es für die Biobauern unmöglich, absolut pestizidfreie Lebensmittel zu erzeugen. Da die Nahrungsmittel aber ohne den Einsatz von Pestiziden angebaut werden, ist der direkte Kontakt effektiv auf null reduziert.

M MEERESFRÜCHTE

Keine Muscheln essen in den Monaten ohne „r"! So ganz richtig ist das nicht. Frisch sind sie auch in den anderen Monaten. Aber im Mai laichen Muscheln und sind dann sehr klein.

B BOHNEN

Sind Bohnen nun giftig oder nicht? Ja und nein! Die häufig angebaute Garten- oder Feuerbohne enthält den Giftstoff Phasin, der die Blutgerinnung stört. Das Gift wird allerdings bei 75 °C zerstört. Rohe Bohnen sind also tatsächlich giftig, und auch Trocknen hilft da nichts. Unsere Ackerbohnen, auch Sau- oder Puffbohnen genannt, enthalten kaum Phasin, sodass junge Ackerbohnen auch roh gegessen werden können. Allerdings können diese Bohnen heftige Allergien hervorrufen.

SPINAT

Und da ist doch noch der Spinat! Niemals aufwärmen, heißt es. Aber: Einmal aufwärmen schadet nicht. Durch mehrfaches Erwärmen allerdings wandelt sich das Nitrat in das giftige Nitrit um. Spinat sollte deshalb auch nicht über Stunden warm gehalten, sondern schnell heruntergekühlt werden. Lediglich Säuglinge und Kleinkinder sollten aufgrund der möglicherweise vorhandenen Nitritmengen keinen aufgewärmten Spinat bekommen.
Das Märchen, dass Spinat viel Eisen für die Blutbildung enthält, beruht auf einem Rechenfehler. Und der ist besonders hartnäckig. Dreißig Milligramm Eisen sollen in hundert Gramm Spinat enthalten sein. In Wirklichkeit sind es gerade mal drei Milligramm. Der Spinat hat viele Vitamine, doch weniger erfreulich ist der hohe Oxalatgehalt, der die Eisenaufnahme im Körper hemmt.

Haushalts-TIPPS & LIFEHACKS

BACKPAPIER

· Damit die Oberfläche von Aufläufen nicht anbrennt, kann man die Auflaufform mit Backpapier abdecken. Backpapier ist wärmedurchlässig, sodass der Auflauf trotzdem gart.

· Um fettarmen und besonders aromatischen Fisch zuzubereiten, gibt man Öl in eine Pfanne, legt Backpapier darauf und den Fisch auf das Backpapier. So gart der Fisch im eigenen Saft.

· Wenn man Spargel, anderes Gemüse oder Fisch mit Kräutern schonend garen will, legt man alles mittig auf das Backpapier, faltet die Papierenden und die Papierseiten wie ein Päckchen zusammen und gibt es in den Backofen.

· Walnüsse lassen sich gut zerkleinern, wenn sie zwischen zwei Backpapiere gelegt und mit dem Nudelholz gewalzt werden.

GEFRIERGUT

Tiefgefrorenes Gemüse lässt sich im Einpersonenhaushalt oft besser portionieren als Frischware. Keine Angst – durch die frische und schnelle Verarbeitung bleiben Qualität und Vitamingehalt erhalten.

· Tiefkühlgemüse sollte zur Zubereitung mit wenig Wasser gedünstet werden. Es muss vorher nicht aufgetaut werden, sondern sollte im tiefgekühlten Zustand verarbeitet werden.

· Will man Reste von frischem Gemüse einfrieren, sollte man das Gemüse kurz blanchieren. Hierzu wird ungesalzenes Wasser zum Kochen gebracht und das Gemüse für eine Minute hineingegeben. Anschließend abtropfen und abkühlen lassen und dann portionsweise verpackt einfrieren.

· Besonders bei Kräutern eignet sich die TK-Vorratshaltung, da immer portionsweise entnommen werden kann.

· Essensreste sollte man sofort nach dem Abkühlen in Glas- oder Plastikbehälter geben und einfrieren – aber möglichst nicht länger als drei Monate aufbewahren. Beim Auftauen bleibt die Qualität am besten erhalten, wenn man das Gericht am Abend vor dem Verbrauch aus dem Gefrierfach nimmt und es langsam tauen lässt.

· Aufgetautes Gefriergut nie mehr einfrieren? Das stimmt so nicht. Sind die Lebensmittel noch frisch und appetitlich, können sie getrost zum zweiten Mal ins Eis, allerdings dann möglichst schnell.

FRISCHHALTEFOLIE

Nicht nur als Aromaschutz und zum Verschließen von Behältnissen – Frischhaltefolie ist in der Küche ein vielseitiger Helfer.

· Teig ausrollen: Um zu verhindern, dass Nudel- oder Plätzchenteig, der dünn ausgerollt werden soll, am Untergrund festklebt, gibt man den Teig zwischen zwei leicht mit Mehl bestäubte Lagen Frischhaltefolie und rollt ihn dann aus. So löst er sich leicht vom Untergrund. Eventuell muss man den Teig mehrmals von der Folie lösen und diese neu mit Mehl bestäuben, bis der Teig die gewünschte Dicke hat.

· Fleisch plattieren: Frischhaltefolie mit ein paar Tropfen Öl bestreichen, Fleisch, z. B. Schnitzel, darauf geben und mit einer zweiten Folie bedecken. Zum Klopfen eignet sich der Boden einer Bratpfanne!

GLÄSER (öffnen)

- Deckelverschlüsse sitzen aufgrund des Vakuums im Glas sehr fest. Wenn der Schraubverschluss nicht mit der Hand zu öffnen ist und die Hände evtl. feucht sind, sollte man ein Handtuch oder Gummihandschuhe zu Hilfe nehmen.

- Oft hilft es, mit der Hand gegen den Boden des umgedrehten Glases zu schlagen.

- Lässt man heißes Wasser über den Deckel laufen, ist das Öffnen des Glases auch einfacher!

- Man kann auch mit einem spitzen Gegenstand (z. B. Messer oder Korkenzieher) ein Loch in den Deckel stanzen. Nun gelangt Luft in das Glas und der Deckel ist leicht zu öffnen.

- Sind die Glasoberflächen stumpf geworden, kann man sie mit etwas Zitronensaft einreiben und mit Küchenpapier oder zerknülltem Zeitungspapier polieren.

· Fehlt eine Rührschüssel, kann man Sahne auch in einem Einmachglas schlagen und dieses anschließend, z. B. mit einer Schleife dekoriert, als Servierschale nutzen. So ist das Gefäß ein Hingucker.

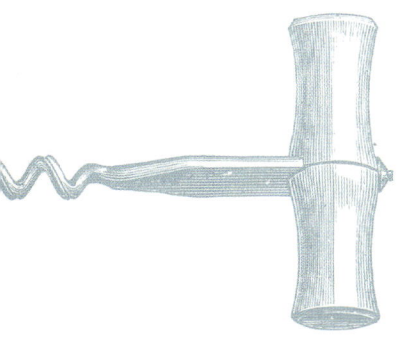

MASSEINHEITEN

„Hilfe, mir fehlt der Messbecher!"

Lebensmittel	EL gestr.	EL gehäuft	TL gestr.	TL gehäuft
Milch, Sahne	15 g		5 g	
Öl, Margarine	12 g		4 g	
Mayonnaise	12 g		4 g	
Zucker, Salz	15 g	20 g	5 g	7 g
Mehl, Stärke	10 g	20 g	3 g	5 g
Puddingpulver	10 g	20 g	3 g	5 g
Backpulver	10 g		3 g	

Kein Problem, wir haben ja den Teelöffel (TL) und Esslöffel (EL).

Lebensmittel	EL gestr.	EL gehäuft	TL gestr.	TL gehäuft
Kakaopulver	6 g	10 g	3 g	5 g
Haferflocken	8 g	12 g	2 g	3 g
Grieß	12 g	15 g	3 g	4 g
Mandeln, Nüsse	8 g	10 g	3 g	4 g
Semmelbrösel	10 g	15 g	3 g	5 g
Tomatenmark	18 g	25 g	5 g	8 g
Senf	9 g	12 g	3 g	4 g

Die angegebenen Werte sind Mittelwerte, da es unterschiedliche Löffelgrößen gibt.

MESSER SCHÄRFEN

· Messer schärfen mit dem Wetzstahl: Die Messerklinge wird an der Stahlspitze angelegt und mehrmals abwechselnd links und rechts am Wetzstahl entlang zum Griff so gezogen, dass die gesamte Schneide bis zur Messerspitze hin am Wetzstahl entlanggeführt wird.

· Messer schärfen mit dem Tellerbodenrand: Den Teller umdrehen und die Messerklinge am unglasierten, „angerauten" Tellerbodenrand entlangziehen. Diese Art des Schärfens funktioniert auch mit der rauen Seite von Kaffeebechern.

Preiswerte Alleskönner

 KAFFEESATZ 89

· Peeling aus Kaffeesatz: Das Peeling aus Kaffeesatz kann man für das Gesicht und den Körper nutzen. Einfach den Kaffeesatz mit kreisenden Bewegungen auftragen und anschließend mit Wasser abspülen. Wenn man möchte, kann man Olivenöl oder andere hautpflegende Substanzen hineinrühren.

· Kaffeesatz als Dünger: Kaffee eignet sich als Dünger für Pflanzen, die gut auf saurem Humusboden gedeihen. Wichtig ist es, den Kaffeesatz vor dem Düngen abkühlen zu lassen und ihn gut in der Erde zu verteilen.

· Gegen Gerüche im Kühlschrank: Den Kaffeesatz in eine Schüssel füllen und offen in den Kühlschrank stellen.

BACKPULVER

· Für Isolierkannen: Edelstahl-Isolierkannen können mit Backpulver gereinigt werden. Dazu gibt man das Pulver in die Thermoskanne und gießt dieses mit heißem Wasser auf. Es dauert nun einige Stunden, bis das Backpulver wirkt – anschließend mit klarem Wasser ausspülen. Diese Art der Reinigung ist nicht für Thermoskannen mit Glaseinsatz oder Beschichtung geeignet, da das Backpulver beides angreift.

· Gegen Tee- und Kaffeeränder in Tassen: Die Tasse leicht anfeuchten und die Flecken mit Backpulver einreiben. Die Reste des Backpulvers anschließend mit klarem Wasser abspülen.

· Gegen Kragenschmutz: Backpulver auf die verschmutzte Stelle streuen, feucht einreiben, trocknen lassen und anschließend ausbürsten.

· Gegen Kühlschrankgeruch: Backpulver oder Natron auf einem kleinen Teller einige Stunden in den Kühlschrank stellen.

· Gegen einen verstopften Abfluss und Abflussgerüche: 4 EL Backpulver mit ½ Tasse Essig mischen und im Abfluss einige Zeit einwirken lassen.

· Als Fugenreiniger: Das Backpulver mit kaltem Wasser zu einer zähflüssigen Masse anrühren. Diese Masse dann, z. B. mit einer alten Zahnbürste, auf die Fugen streichen und einwirken lassen. Das Gemisch anschließend mit Wasser abspülen.

· Als Aufheller von Gardinen: Um vergilbte Gardinen oder Gardinen mit Grauschleier aufzuhellen, kann man sie vor dem Waschen einige Stunden in Wasser mit Backpulver einweichen.

WASSERKOCHER *entkalken*

Kalkablagerungen im Wasserkocher verändern den Geschmack des Wassers, weshalb es sinnvoll ist, den Wasserkocher regelmäßig zu entkalken. Dafür eignen sich neben dem klassischen Entkalker auch Hausmittel wie Essig, Backpulver oder Zitronensäure.

Für die Reinigung mit einem herkömmlichen Entkalker wird der Wasserkocher mit Wasser gefüllt und der Entkalker hineingegeben. Nach dem Aufkochen wird das Wasser abgegossen und der Wasserkocher wird mit klarem Wasser gereinigt.

Es ist ebenfalls möglich, Wasserkocher mit Essig zu entkalken. Dazu füllt man den Wasserkocher bis zur Hälfte mit Wasser und gibt einen kräftigen Schuss Essig oder Essigessenz dazu und kocht beides auf. Nach dem Abgießen sollte der Wasserkocher mit klarem Wasser ausgespült werden.

Um den Wasserkocher mit einer Zitrone zu säubern, reibt man ihn von innen mit einer halbierten Zitrone ab und kocht anschließend Wasser auf. Nachdem dieses abgegossen wurde, wird der Wasserkocher mit klarem Wasser ausgespült.

Wasserkocher lassen sich auch mit Backpulver entkalken. Dafür werden Backpulver und ein wenig Wasser in den Wasserkocher gegeben und aufgekocht. Das Gemisch schäumt sehr, weshalb der Wasserkocher maximal bis zur Hälfte gefüllt sein sollte. Anschließend wird das Gerät mit klarem Wasser ausgespült.

ROTWEINFLECKEN

Das wohl bekannteste Mittel gegen Rotweinflecken ist Salz. Man streut Salz auf den Fleck, bis dieser vollständig bedeckt ist. Das Salz zieht den Rotwein aus dem Textilgewebe. Anschließend wird die Tischdecke oder das Kleidungsstück gewaschen.

Noch effektiver ist diese Methode, wenn zuvor Zitronensaft auf den Fleck geträufelt wird. Hier ist allerdings Vorsicht geboten, wenn es sich um farbige Textilien handelt. Eine Alternative zum Salz sind Backpulver, Speisestärke oder Zucker. Wichtig ist bei Rotweinflecken, schnell zu reagieren. Je frischer der Fleck ist, desto besser lässt er sich entfernen.

Bei eingetrockneten Flecken helfen diese Hausmittel allerdings nicht mehr. Hier empfiehlt sich ein Mittel zur Fleckenentfernung.

BLUTFLECKEN

Je schneller man Blutflecken behandelt, desto besser lassen sie sich entfernen. Um den Fleck auszuwaschen, sollte man viel kaltes Wasser verwenden. Heißes Wasser sorgt dafür, dass sich der Fleck erst recht im Gewebe festsetzt.

Eingetrocknete Flecken auf Textilien kann man, bevor man die Stücke in die Waschmaschine gibt, in kaltem Wasser einweichen. Es empfiehlt sich, dem Wasser Waschpulver oder Salz zuzugeben.

Vorher kann man den Fleck auf unterschiedliche Weise behandeln: mit Alkohol, Gallseife, Backpulver oder Kopfschmerztabletten, die den Bestandteil Acetylsalicylsäure enthalten. Alkohol oder Gallseife werden auf den Fleck gegeben und anschließend vorsichtig abgetupft. Das Backpulver wird, bevor man es auf den Fleck aufträgt, mit Wasser zu einem Brei verrührt. Die Kopfschmerztablette wird in wenig Wasser aufgelöst und auf den Fleck gegeben. Backpulver oder Alkohol eignen sich auch für die Anwendung auf Polstermöbeln oder Teppichen. Das Hausmittel sollte jeweils vor der Behandlung des Flecks an einer unauffälligen Stelle getestet werden.

 OBSTFLECKEN

Obstflecken lassen sich gut entfernen, indem man sie nass macht und anschließend in der Sonne bleicht. Die Flecken sollten immer wieder mit Wasser begossen werden. Dieser Vorgang entspricht der Bleiche aus früherer Zeit.

FETTFLECKEN

Ein frischer Fettfleck sollte so schnell wie möglich mit lauwarmem Seifenwasser behandelt werden. Ein gutes Mittel gegen Fettflecken ist Gallseife.

Küchenpapier und Salz saugen die Feuchtigkeit auf und wirken so gegen den Fleck. Wichtig ist es, nicht zu reiben, um den Fleck nicht tiefer ins Textilgewebe einzuarbeiten. Auch Löschpapier erfüllt diese Funktion.

Wirksam gegen Fettflecken ist auch die Stärke aus Kartoffeln. Eine frisch aufgeschnittene Kartoffel kann auf den Fleck gehalten werden. Möglich ist es auch, Kartoffelmehl auf den Fleck zu streuen und dieses nach einer kurzen Einwirkzeit sanft abzubürsten. Diese Methode eignet sich auch bei Polstermöbeln oder Teppichen.

Trockenshampoo ist ebenfalls ein wirksames Hausmittel gegen Fettflecken auf Textilien. Dazu wird das Spray auf den Fleck gesprüht und nach einer kurzen Einwirkzeit ausgebürstet.

Mit Kreide lassen sich Fettflecken von Tapeten und Leder entfernen. Der Fleck wird vorsichtig mit Kreide eingerieben und am nächsten Tag abgebürstet.

KUGELSCHREIBERFLECKEN

Besonders wirksam gegen Kugelschreiberflecken ist Alkohol. Man sollte diesen jedoch an einer unauffälligen Stelle testen, bevor man ihn auf den Fleck tupft. Da Haarspray und acetonfreier Nagellackentferner häufig Alkohol enthalten, wirken auch diese Mittel gegen die Flecken.

Essigessenz wirkt ebenfalls gegen Kugelschreiberflecken. Der Fleck wird in Essig eingeweicht und – je nach Material – anschließend abgewischt oder gewaschen. Auch Zitronensäure hilft gegen Kugelschreiberflecken. Das Verfahren ist dasselbe wie bei der Essigessenz.

Auf empfindlichen Materialien kann man Klebeband oder Malerkrepp ausprobieren, die man auf den Fleck klebt und wieder abzieht, sodass der Kleber den Fleck Stück für Stück abträgt. Dieser Vorgang muss mehrfach wiederholt werden.

FILZSTIFTFLECKEN

Bei Filzstiftflecken sollte man schnell handeln. Je schneller der Fleck behandelt wird, desto besser lässt er sich entfernen.

Ein wirksames Mittel gegen Filzstiftflecken ist Alkohol. Wichtig ist allerdings, den Alkohol an einer unauffälligen Stelle auf dem Material zu testen, um sicherzugehen, dass er dieses nicht beschädigt. Alkohol ist häufig auch in Haarspray und acetonfreiem Nagellackentferner enthalten, weshalb diese ebenfalls als Mittel gegen Filzstiftflecken eingesetzt werden können.

Auch Zitronensaft oder Essig können helfen. Beides wird vorsichtig auf den Fleck geträufelt und nach einer Einwirkzeit abgewischt oder ausgewaschen.

aus Kleidung entfernen

Kaugummi entfernt man, indem man das Kleidungsstück ins Gefrierfach legt und anschließend den Kaugummi ausbürstet.

aus dem Haar entfernen

Kaugummi im Haar kann man versuchen mit einer Hautcreme oder Bodylotion zu entfernen. Diese reibt man ein und streicht sie nach einer Einwirkzeit mit einem Handtuch heraus.

W | WASCHEN | 102

Tipps zum sparsamen Waschen

· Kochen bei 90 °C ist überholt:
zu teuer und Energieverschwendung.

· Die meisten Waschmittel erzielen schon
bei 40 °C gute Ergebnisse.

· Nicht zu viel Waschpulver verwenden.

· Wenn möglich, an der frischen Luft
trocknen.

· Im Krankheitsfall können Bakterien bei
60 °C abgetötet werden.

SILBERBESTECK

Zwischen zwei Lagen Alufolie gibt man drei Teelöffel Salz mit dem Besteck und kocht das Ganze in einem Wasserbad auf. Die Alufolie entzieht dem Silberbesteck die Verfärbungen. Anschließend spült man das Besteck mit Seifenwasser ab und poliert es mit einem weichen Tuch.

GOLDSCHMUCK

Die Reinigung von Goldschmuck ist am einfachsten, wenn man sie regelmäßig durchführt. Zu diesem Zweck kann man die Schmuckstücke vorsichtig mit Geschirrspülmittel und Wasser reinigen. Anschließend wird der Schmuck mit einem weichen Baumwolltuch vorsichtig getrocknet.

SATIN- *und Seidenhandtaschen*

Gebrauchsspuren und Flecken entfernen:

Man rührt Speisestärke mit Wasser zu einem dicklichen Brei an, trägt diesen anschließend auf die verschmutzte Stelle auf, lässt das Ganze trocknen und bürstet es zum Schluss gut aus.

POLSTERMÖBEL

Wie beim Reinigen von Kleidung gilt auch bei der Reinigung von Polstermöbeln: Egal, zu welchem Reinigungsmittel man greift, es sollte vorab immer an einer unauffälligen Stelle (z. B. der Unterseite des Möbelstücks) getestet werden, um sicherzugehen, dass die Farbe nicht durch das Reinigen ausbleicht.

Das Reinigungsmittel sollte vorsichtig auf den Fleck getupft werden, nicht gerieben! Sonst leidet der Bezugsstoff und womöglich wird der Fleck in die Polsterung gedrückt.

Meistens sind warmes Wasser, ein Schuss Spülmittel, ein Schwamm zum Auftragen und ein Tuch zum Trockentupfen ausreichend, um Flecken aus der Polstergarnitur zu bekommen.
Ein Wundermittel für die Reinigung der Couch ist Natron. Das Pulver wird auf den Fleck gestreut und vorsichtig mit einem Lappen eingearbeitet.

Nach dem Trocknen wird das Natron mit dem Staubsauger abgesaugt.

Ein anderer Klassiker ist Rasierschaum: Einfach etwas Schaum auf den Stoff (geht nicht bei Leder) sprühen, vorsichtig einarbeiten und eine Viertelstunde einwirken lassen. Dann mit einer weichen Bürste ausbürsten.

Polstermöbel können auch mit Soda gereinigt werden: Dazu zunächst die betroffene Stelle etwas anfeuchten und danach mit Soda abreiben. Allerdings muss dann das gesamte Polster mit Wasser gereinigt werden, weshalb dies die aufwendigere Methode ist.

B BACKOFEN 107

Den Backofen heizt man auf 50 °C vor, sprüht ihn mit Rasierschaum ein und lässt den Schaum ca. 30 Minuten einwirken. Danach wird der Ofen zuerst mit Küchenpapier ausgeputzt und dann mit einem feuchten Lappen gereinigt.

I ISOLIERKANNEN

Isolierkannen und -becher werden wieder prima sauber, wenn man Wasser mit einer Tablette Gebissreiniger hineingibt, alles für eine Weile einwirken lässt und anschließend mit klarem Wasser ausspült. Die Reinigung funktioniert auch mit Backpulver, das in die Kanne gegeben und mit heißem Wasser aufgegossen wird. Diese Art der Reinigung ist allerdings nicht geeignet für Isolierkannen mit Glaseinsatz oder Beschichtung.

PFANNEN

Um eine beschichtete Pfanne zu reinigen, reicht normalerweise Wasser mit etwas Spülmittel. Eingebrannte Flecken sollten mit einem nicht kratzenden Schwamm entfernt werden.

Bei hartnäckigen Verschmutzungen kann man Backpulver in Wasser auflösen, aufkochen und einige Stunden einwirken lassen. Auch aufgelöstes Salz oder verdünnter Essig funktionieren hier.

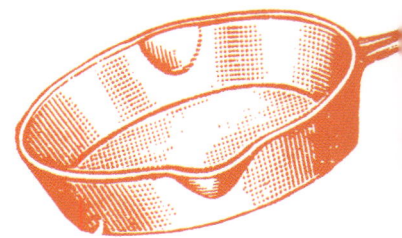

FLIESEN

Es gibt verschiedene Mittel, um Fliesen zu reinigen. Haarshampoo oder Klarspüler für die Spülmaschine wirken z. B. gut.

Man kann Fliesen mit Orangenschale einreiben, um Kalkflecken zu beseitigen. Nach 30 Minuten Einwirkzeit werden die Fliesen mit einem feuchten Lappen abgewischt. Gegen Kalkflecken hilft auch Essig.

Die Reinigung mit einem Dampfstrahler reinigt nicht nur die Fliesen, sondern auch die Fugen effektiv. Gegen vergilbte Fugen helfen Salz und Terpentin oder Backpulver, das zu einem Brei gerührt auf die Fugen aufgetragen wird. Die Mischung lässt sich gut mit einer alten Zahnbürste auftragen.

LAMINAT

Beim Staubsaugen eines Laminatbodens ist es wichtig, dass die Bürste des Staubsaugerkopfes vorgeschoben ist, damit das Laminat nicht verkratzt.

Man sollte nicht zu feucht wischen, damit das Laminat nicht aufquillt. Für Laminatboden sollte kein Dampfreiniger benutzt werden, da der Boden dann nicht nur unter der Nässe, sondern auch durch die Temperatur leidet.

Filzgleiter für Stühle schützen den Boden vor Kratzern. Bei einem Schreibtischstuhl mit Rollen sollte man eine spezielle Schreibtischstuhlunterlage benutzen, damit die Rollen keine hässlichen Spuren hinterlassen.

Der Bodenreiniger sollte keine Wachsanteile enthalten, da sich ansonsten mit der Zeit aus der Wachsschicht ein Grauschleier entwickelt.

TOILETTE

Toilettenreinigung mit Hausmitteln

· Cola-Reste: mindestens eine halbe Stunde einwirken lassen
· Mit einer Mischung aus Borax und Zitronensaft
· Mit Essig, Essigessenz oder Zitronensäure
· Mit Natron und Backpulver verschwinden nach einiger Einwirkzeit braune Flecken
· Mit ein wenig Waschmittel: Durch die enthaltenen Tenside werden die Flecken nach kurzer Zeit entfernt. Man sollte jedoch nicht zu viel Waschmittel benutzen, da dieses eine Lauge bildet, die Abwasserrohren und Umwelt schadet.

Gerüche im WC beseitigen

Unangenehme Gerüche auf dem WC kann man schnell beseitigen, indem man ein oder zwei Streichhölzer abbrennt.

Um Aufkleber zu entfernen, sollte man es als erstes mit einem Fön versuchen. Die warme Luft sorgt dafür, dass der Kleber seine Haftung verliert und das Etikett leicht abgezogen werden kann. Je nach Material (Lack oder Kunststoff) sollte man darauf achten, dass die heiße Luft nicht die Oberfläche des Gegenstands beschädigt.

Eine weitere Möglichkeit ist die Entfernung des Aufklebers mit Essig- oder Seifenlauge. Diese sollte großzügig auf die Fläche aufgetragen werden. Nach einigen Minuten Einwirkzeit kann der Aufkleber abgezogen werden. Bei Bedarf kann mit einer Kreditkarte oder einem Ceranfeldschaber vorsichtig nachgeholfen werden.

Eine Alternative ist handelsüblicher Glasreiniger, der ebenfalls eine kurze Zeit einwirken muss, bevor man den Aufkleber vorsichtig entfernen kann.

Man kann den Aufkleber auch mit Speiseöl oder Margarine einreiben. Das Öl muss auch hier kurz einwirken, bevor man den Aufkleber entfernen kann.

Wichtig ist es, immer behutsam vorzugehen und die Beschaffenheit der Oberfläche unter dem Aufkleber zu berücksichtigen.

 KLEBSTOFFRESTE

Klebstoffreste oder Harz entfernen:

Wenn Baumharz oder Klebstoff die Finger verklebt haben, hilft es, die Hände mit Öl einzureiben. Nach einer kurzen Einwirkzeit wird das Öl mit Seife oder einem Schuss Geschirrspülmittel wieder entfernt.

SPÜLE

Gegen Kalkflecken bei einer Edelstahlspüle helfen verschiedene Hausmittel. Kartoffelstärke lässt die Spüle wieder glänzen. Dazu halbiert man eine Kartoffel und reibt die Spüle damit ein. Die Kartoffelstärke wird anschließend mit einem Handtuch entfernt.

Eine weitere Möglichkeit ist es, das Spülbecken mit einer Backpulverpaste einzureiben. Dazu wird Backpulver mit Wasser vermengt, bis eine breiige Masse entsteht. Nach einer kurzen Einwirkzeit wird die Paste mit Wasser abgespült und die Spüle trocken gerieben.

Auch Essig ist ein gutes Mittel gegen Kalkflecken auf der Edelstahlspüle. Ein mit Essig getränktes Tuch wird auf die Flecken gelegt und nach einer Einwirkzeit wieder entfernt.

Essig hilft ebenfalls gegen Verschmutzungen bei weißen Spülbecken bzw.

Keramik-Spülbecken. Diese sollten regelmäßig gründlich gereinigt werden, um die Entstehung solcher Flecken zu verhindern.

Gegen hartnäckige Flecken hilft es, etwas Wasser in das Spülbecken zu füllen und über Nacht einen Spülmaschinentab oder einen Löffel Spülmaschinenpulver einwirken zu lassen. Am nächsten Morgen wird das Becken mit klarem Wasser ausgespült.

CERANFELD

Ceranfelder sollten regelmäßig mit etwas Spülmittel abgewischt werden. Stärkere Verschmutzungen kann man mit einer Mischung aus Backpulver und etwas Wasser entfernen. Mit speziellen Ceranfeldschabern lassen sich verkrustete Stellen wegkratzen. Für Ceranfelder sollte keine Scheuermilch verwendet werden, da diese die Oberfläche beschädigt.

· Am besten täglich mit etwas Spülmittel abwischen.

· Stärkere Verschmutzungen werden mit einer Mischung aus Backpulver und etwas Wasser entfernt.

· Zitronensaft oder Backofenreiniger wirken ebenfalls.

STAUB *vermeiden* 117

Da Staub keine feuchte Luft mag, sollte man für eine höhere Luftfeuchtigkeit sorgen, indem man Schalen mit Wasser aufstellt und drei- bis viermal am Tag 10 Minuten lüftet. Hilfreich für das Raumklima sind auch Pflanzen.

Auf Objekten wie Dekoartikeln, Teppichen, Kissen und Gardinen sammelt sich vermehrt Staub. Der Verzicht auf Staubfänger hilft also ebenfalls. Textilien wie Betten sollten am besten draußen ausgeschüttelt werden.

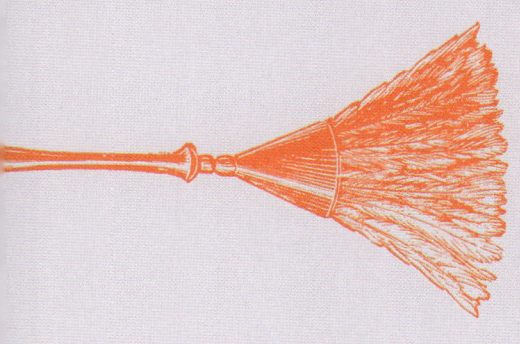

SCHUHE

➤ *Abfärben vermeiden*

Schuhe, die auf Socken oder Füße abfärben, kann man von innen mit Haarspray einsprühen.

➤ *Pflege für Sneaker*

Schon vor dem ersten Tragen kann man Sneaker mit einem Pflege- oder Imprägnierspray behandeln, um die Oberfläche vor Verschmutzung und Feuchtigkeit zu schützen.

Sneaker aus echtem Leder sollten entsprechend dem Material gepflegt und gereinigt werden. Das heißt, groben Schmutz mit einem feuchten Lappen oder einer Bürste entfernen, nach dem Trocknen mit Schuhcreme einfetten und mit einem weichen Tuch und einer weichen Bürste polieren. Zum Trocknen sollten die Schuhe nicht an die Heizung oder in die Sonne gestellt werden. Das Leder wird dann hart und brüchig.

Sneaker aus Stoff sind besonders pflegeleicht und können bei Bedarf mit ganz wenig Feinwaschmittel im Schonprogramm in der Waschmaschine gewaschen werden. Hier kann vorab ein gängiges Flecken- bzw. Vorwaschspray Wunder wirken!

Ledershampoo bzw. Schaumreiniger aus dem Drogeriemarkt helfen bei stark verschmutzten Sneakern weiter. Da die Oberfläche etwas härten kann, muss hinterher unbedingt gepflegt werden.

Noch ein Tipp: Jeden Tag ein anderes Paar Schuhe anziehen, damit die Schuhe in der Zwischenzeit gut trocknen können und damit eine längere Lebensdauer erzielen.

N NAGELLACK

→ *Älteren Nagellack verflüssigen*

Zäher und dickflüssiger Nagellack wird wieder streichfähig, wenn man das Fläschchen eine Weile in heißes Wasser stellt.

→ *Nagellack aufbewahren*

Nagellack bewahrt man am besten kühl und dunkel auf. Damit der Schraubverschluss nicht verklebt und sich immer leicht öffnen lässt, putzt man das Gewinde mit einem mit Nagellackentferner getränkten Wattepad gut ab und verschließt das Fläschchen möglichst schnell nach Gebrauch.

B BÜGELN *ohne Bügeleisen*

Zerknitterte Kleidung hängt man auf einem Bügel in die Dusche und stellt daneben das heiße Wasser an, sodass der Wasserdampf das Gewebe glättet.

KÜHLAKKUS *selber basteln*

Leere PET-Flaschen befüllt man mit Wasser und gibt sie über Nacht ins Gefrierfach (Keine Glasflaschen – die platzen!). Bei heißen Temperaturen kann man auch direkt das zu kühlende Getränk tiefgefrieren, es taut dann mit der Zeit an, bleibt aber kühl. Ein guter Tipp für Sportler, die mehrere Stunden unterwegs sind.

GLASSPLITTER *aufsammeln*

Zum Aufsammeln von kleinen Glassplittern verwendet man am besten einen angefeuchteten Wattebausch oder alternativ ein feuchtes Küchenkrepp. Mit einem Klebeband kann man ebenfalls kleinste Scherben aufsammeln. Will man ganz sichergehen, verdunkelt man das Zimmer und leuchtet es mit einer Taschenlampe aus, um die reflektierenden Splitter zu finden.

R | REISSVERSCHLÜSSE | 122

Klemmende Reißverschlüsse werden wieder gängig, wenn man sie mit Kerzenstumpen oder einem Seifenstück einreibt.

N | SCHLÜSSEL *schließt nicht mehr*

Wenn der Schlüssel nicht mehr schließt, sollte man nicht an ihm ruckeln. Auch das Türschloss muss nicht gewechselt werden. Die Ursache ist der Schlüssel, der im Laufe der Zeit stumpf geworden ist.

Man kann den Schlüssel in eine Seifenlauge legen oder ein wenig Flüssigseife auf eine kleine Bürste geben und ihn damit ordentlich abreiben. Danach gut abwaschen, abtrocknen und mit einem Bleistift den kompletten Schlüssel abreiben, vor allem die Ecken und Kanten. Nun nur noch mit einem Lappen polieren.

SCHWARZE KLEIDUNG

Schwarze Kleidung auffrischen

Um schwarze Kleidung aufzufrischen, kann man die Kleidungsstücke mit einem Efeusud waschen. Für die Herstellung 30 Gramm Efeublätter 5 Minuten lang in 2 Liter Wasser kochen lassen. Anschließend die Blätter aus dem Sud herausnehmen. Da Efeu giftig ist und Hautirritationen auslösen kann, ist es wichtig, mit Handschuhen zu arbeiten.

Die schwarzen Kleidungsstücke werden nun in den abgekühlten Sud gegeben und können einige Minuten darin einweichen. Anschließend muss die Kleidung gründlich ausgespült werden.

Wer sich das Ganze etwas einfacher machen möchte, der kann auch ein paar Efeublätter in einer Socke oder in einem kleinen Wäschenetz in die Waschmaschine geben und mitwaschen.

REGISTER

Abfluss verstopft 90
Alkohol 69, 72, 95, 96, 99, 100
angebrannt 35, 39, 45, 50, 57
Äpfel....12, 22, 27, 31, 64
Auberginen................27
Aufkleber entfernen .112
Aufläufe.....51, 52, 55, 80
Avocados 13, 14

Backofen 37, 42, 44, 55, 80, 107
Backpapier............19, 80
Backpulver 86, 90, 92, 94, 95, 107, 108, 109, 111, 114, 116,
Bananen................12, 15
Bier.......................49, 72
Bionahrung 75
Blutflecken................95
Bohnen................27, 76
Bowle 69
Bratwurst...............48, 50
Brot 36, 44, 56, 74

Bügeln......................120
Butter/Margarine...........
16, 37, 38, 39, 43, 53, 61, 86, 113

Ceranfeld..................116
Champignons..............17
Chili.............................63
Crushed-Eis 70
Cola...........................111
Couscous 38

Dampfreiniger ..109, 110
Dips 13, 58
Dressing.........24, 27, 28, 32, 59, 61, 68
Dünger........................89

Eier 46
Eier trennen 47
Einfrieren 14, 15, 37, 45, 47, 50, 52, 55, 70, 81, 82, 121
Entkalken/Kalkflecken...
92, 109, 114
Entzündung 54, 64, 35

Erdbeeren 19
Erkältung 32, 40, 64
Essig 17,
29, 42, 59, 91, 92, 99, 100,
108, 109, 111, 112, 114

Fett 61, 67, 73, 97
Filzstiftflecken 100
Fisch 38, 61, 80
Fleisch 38, 48,
50, 51, 68, 83
Fliesen 109
Frischhaltefolie 83
Frittieren 61
Frühstück 46, 75
Fugen 91, 109

Gardinen 91, 117
Geflügel 51
Gemüse 27, 55, 58,
80, 81
Gesichtsmaske 21
Gewürze 38, 58,
62, 63, 67, 68,
Gläser 59, 67, 82, 84, 121

Glasreiniger 112
Goldschmuck 103
Granatäpfel 20, 27
Gurken 21, 27, 58

Haarspray 99, 100, 118
Hackfleisch 50
Haferflocken 23, 87
Harz entfernen 113

Ingwer 64
Insektenstiche 35
Isolierkanne 90, 107

Joghurt 56, 58,
59, 60, 63

Kaffeesatz 65, 89
Kartoffel 27, 39, 56,
97, 114
Käse 25, 44, 52, 56, 63
Kragenschmutz 90
Kühlschrankgeruch 91
Kartoffelchips 40
Kartoffelklöße 40
Kaugummi 101

Klebeband 121, 99
Klebstoffreste 113
Knoblauch 58, 65
Kräuter 25, 38, 54, 58, 66, 67, 80, 81
Kugelschreiberflecken 99
Kühlakkus 121

Laminat 110
Leder 98, 118
Löschpapier 67, 97

Mandeln 23, 24, 87
Mangos 22
Maßeinheiten 86
Meeresfrüchte 76
Messer 34, 84, 88
Milch 24, 39, 45, 49, 53, 54, 58, 63, 65, 68, 86
Mineralwasser 33, 58, 69, 71
Möhren 27, 28, 34, 58

Nagellack 120
Nagellackentferner ... 99, 100
Natron .. 91, 105, 106, 111

Nudeln 43, 52, 55
Nüsse .. 12, 19, 23, 80, 87

Obstflecken 96
Ofenkartoffeln 41, 54
Ohrenschmerzen 35
Öl 25, 30, 38, 43, 44, 50, 59, 60, 61, 67, 80, 83, 86, 89, 113
Oliven 25
Omelett 71
Orangen 27, 33, 109

Peeling 89
Pellkartoffeln 41, 58
PET-Flaschen 121, 47
Pfannen 83, 108
Pfannkuchenteig 71
Pizza 44
Polstermöbel 96, 97, 105
Pommes frites 42

Quark 54, 58

Radieschen 26, 27, 58
Rasierschaum 106
Reis 45, 55, 67
Reißverschlüsse 122
Rhabarber 27

Rohkost 27
Rotwein 73, 94

Sahne 15, 56, 60, 63, 85, 86
Salate 12, 13, 20, 22, 24, 26, 27, 28, 37, 38, 39
Salz 17, 26, 29, 39, 41, 43, 45, 47, 48, 56, 58, 59, 65, 67, 86, 94, 95, 97, 103, 108, 109
Satin 104
Schimmel 18, 37, 25
Schlüssel schließt nicht mehr..................122
Schnaps......................73
Schuhe 118
Schuhcreme 118
Schwarze Kleidung ...123
Schwellung 54
Seide..................... 104
Seife 95, 97, 103, 112, 122
Sekt 69, 70
Senf 59, 68, 87
Shampoo 97, 109, 119
Silberbesteck............103
Smoothie 13, 16, 22, 27, 66
Sneaker 118
Soda 106
Spargel........................80
Speisestärke 94, 104
Spinat.................. 27, 77
Spüle 114
Staub 117
Staubsaugen.............110
Streichhölzer............111
Suppen......39, 52, 56, 66

Teig 83
Terpentin...................109
Tomate 12, 30, 44, 58, 87
Toilette 111

Wäsche waschen 102
Wasserkocher 92

Zeitungspapier 13, 15, 22, 85
Zitrone.......25, 32, 71, 93
Zitronensaft 13, 14, 15, 17, 28, 45, 58, 59, 64, 65, 84, 94, 100, 111, 116
Zucker 16, 35, 49, 54, 58, 59, 60, 86, 94
Zwiebel 34, 43, 58